FRANCE ET ANGLETERRE

BIBLIOTHÈQUE PACIFISTE INTERNATIONALE

FRANCE

& ANGLETERRE

Documents fournis

PAR

M. d'ESTOURNELLES de CONSTANT

DÉPUTÉ,

PRÉSIDENT DU GROUPE PARLEMENTAIRE FRANÇAIS

DE L'ARBITRAGE INTERNATIONAL

PARIS (5e)

V. GIARD & E. BRIÈRE

LIBRAIRES-ÉDITEURS

16, RUE SOUFFLOT ET 12, RUE TOULLIER

1904

AVERTISSEMENT

Avec une bonne grâce à laquelle nous sommes heureux de rendre hommage, Monsieur d'Estournelles de Constant, député de la Sarthe, ancien délégué de la France à la Conférence internationale de La Haye, a bien voulu collaborer à notre Bibliothèque en nous fournissant la plupart des éléments de cette brochure.

Avant de reproduire le discours-programme qu'il prononça devant le « Commercial committee » de la Chambre des Communes, il est utile de rappeler la formation du groupe qu'il a récemment créé à la Chambre des députés, et quelques-unes des circonstances qui ont précédé l'acte considérable du 22 juillet 1903.

Qu'adviendra-t-il du mouvement de sympathie qui vient de pousser l'une vers l'autre la France et l'Angleterre, dans la personne de leurs chefs d'États, de leurs parlementaires et de leurs commerçants ? Nul ne le sait, mais la volonté tenace et la ferme conviction du président du groupe français de l'arbitrage international nous font espérer que le temps est proche où — les malentendus séculaires disparaissant à la faveur des relations cordiales récemment inaugurées — nous vivrons enfin, d'un côté et de l'autre du détroit, dans une quiétude salutaire et dans une confiance féconde pour les deux pays.

S.-P.

FRANCE ET ANGLETERRE

Le groupe parlementaire français de l'arbitrage international.

M. d'Estournelles de Constant a formé, parmi ses collègues de la Chambre des députés, un nouveau groupe parlementaire qui n'a point tardé à trouver également des adhérents nombreux au sein du Sénat.

Ce groupe qui compte aujourd'hui 240 membres, dont nous publions les noms en appendice, comprit, dès l'origine, les représentants des opinions les plus opposées. depuis l'abbé Lemire, jusqu'à Jaurès; le discours prononcé à son inauguration, le 26 mars 1903, indique, mieux que nous ne saurions le faire, le but et les premiers desseins de ses membres.

M. d'Estournelles, élu président, s'exprima ainsi :

Messieurs,

A mesure qu'ils sont plus éclairés, les peuples deviennent plus favorables au principe de l'arbitrage international, tandis que la plupart des Gouvernements y demeurent indifférents ou hostiles.

Cette contradiction s'explique par bien des causes dont la principale, heureusement, n'est qu'un malentendu facile à dissiper.

Les adversaires de l'arbitrage affectent, en effet, de considérer comme un rêve ou comme un danger le plus réel et le plus salutaire des progrès ; ils alarment les sentiments et les intérêts les plus respectables, à commencer par le patriotisme, en confondant et en dénaturant des idées qu'on doit envisager chacune en soi distinctement. Ainsi, leur erreur favorite, et devenue systématique, consiste à placer sur un même plan, comme un même but, l'arbitrage et le désarmement. Il est besoin, pourtant, de peu de réflexion pour comprendre que la question du désarmement ne pourra pas même être étudiée, aussi longtemps que l'arbitrage ne sera pas entré dans nos mœurs.

Ou bien encore, on affecte de croire que, nous, partisans de l'arbitrage, nous prétendons soumettre à cette juridiction toutes les questions et que, sous la menace même de l'invasion, au lieu d'appeler aux armes toutes les forces de la nation, nous irions, suppliants, demander des juges que notre agresseur refuserait !...

Il est temps de mettre les choses au point. Même

isolées, les aspirations des partisans de l'arbitrage répondent si bien aux vœux de l'humanité qu'elles trouvent déjà de l'écho; mais elles seront irrésistibles aussitôt qu'elles seront groupées. Ce groupement s'accomplit dans tous les pays qui progressent. En France, il est déjà tardif. C'est pourquoi je vous ai proposé, Messieurs, de nous réunir ici, tous animés d'un même esprit, d'une bonne volonté vraiment patriotique et supérieure, oubliant ce qui nous divise pour ne songer qu'à ce qui nous unit, et de former un groupe composé de tous les députés favorables au développement de l'arbitage.

Je vous remercie d'avoir répondu si nombreux à mon appel.

Nous sommes ici pour dissiper toute équivoque, volontaire ou involontaire; pour affirmer et pour démontrer que, loin d'être des rêveurs, des philosophes ou des sans Patrie, nous avons pleine conscience de notre devoir et de notre responsabilité en poursuivant pour la France une politique aussi claire, aussi prudente, positive et pleine de promesses que la politique actuelle de l'Europe est obscure, grosse d'équivoques et de dangers.

Nous sommes ici pour affirmer que nous n'oublions rien du passé, mais que nous pensons également à l'avenir. Nous ne voulons pas d'une paix humiliée et précaire. Nous ne voulons pas faire de la France, prématurément désarmée, affaiblie, une victime et une proie; nous la voulons, au contraire, plus forte, moins exposée et plus prospère qu'à l'heure actuelle.

Pour aboutir à un résultat positif, nous aurons soin de limiter rigoureusement notre tâche. La paix universelle et le désarmement simultané resteront à jamais des rêves si la science, la méthode la plus rigoureuse et la plus patiente ne s'appliquent pas à chercher, à trouver et à définir les moyens d'en hâter la réalisation. Déjà, on peut affirmer que le désarmement ne sera que le dernier terme de l'évolution pacifique. Entre ce dernier terme et nos aspirations présentes combien d'étapes successives restent à franchir, sans qu'on puisse en doubler aucune? Nul ne pourra songer au désarmement avant d'avoir essayé, au préalable, l'effet d'une réduction progressive des armements; et cette réduction elle-même sera nécessairement précédée par la limitation, la non augmentation des armements. Mais cette limitation suppose déjà de grands changements dans les relations des Puissances, et ces changements devront être consacrés par des traités. Ces traités impliquant des échanges de concessions réciproques, motivées par le respect de la justice et par la conscience d'une solidarité nouvelle entre les divers États contractants, ne pourront être menés à bonne fin, ni même négociés, sans une pénétrante préparation de l'opinion. C'est cette période de préparation que nous avons à abréger le plus possible et c'est à quoi doit se limiter, quant à présent, notre effort pour être efficace.

Ainsi compris notre programme devient très simple, très net : nous n'avons qu'un but, généraliser la pratique de l'arbitrage international, amener les Gouvernements à résoudre raisonnablement et honorablement, non pas tous les conflits, mais le plus grand nombre possible de leurs conflits par les voies de droit ; étendre aux relations de peuple à peuple les progrès lentement mais définitivement obtenus déjà dans les relations d'homme à homme, de commune à commune, de province à province dans un même pays.

Les moyens d'action ne nous manqueront pas pour arriver à ce résultat.

Nous commencerons par dresser la liste de tous les pays, et ils sont nombreux, avec lesquels nous pourrions signer sans inconvénient des conventions générales d'arbitrage, et nous soumettrons cette liste au Gouvernement, car l'article 19 de la convention de La Haye impose à cet égard une véritable obligation morale aux vingt-six Gouvernements signataires.

Par l'entremise de nos amis de l'Union interparlementaire nous entretiendrons des rapports suivis avec les groupes analogues au nôtre à l'étranger

Les Sociétés françaises d'arbitrage qui poursuivent avec tant d'abnégation leur œuvre souvent ingrate, en dehors du Parlement, pourront désormais s'appuyer sur nous, tout en nous prêtant leur concours, et régler leur propagande éducatrice d'après nos progrès. Leur action et la nôtre sur l'opinion d'une part, sur les pouvoirs publics d'autre part, seront d'autant plus puissantes qu'elles seront mieux concertées et qu'il n'y aura plus ainsi aucune force, aucune bonne volonté perdue dans cette voie.

Le Gouvernement, hésitant jusqu'à ce jour à exécuter ses engagements de La Haye, devra tenir compte de notre insistance pour changer enfin d'attitude. Nous *verrons cesser ce scandale d'une Cour internationale d'arbitrage, ostensiblement et solennellement ouverte par la volonté de tous, mais en réalité fermée par un retour tacite de ces mêmes volontés.*

Nous étudierons, le cas échéant et selon les circonstances, dans quelle mesure les prescriptions novatrices de l'article 27 pourront être observées et comment la grande idée française d'un *devoir international* pourra trouver peu à peu sa sanction dans le monde entier.

Ainsi la France, loin d'être humiliée, compromise ou affaiblie par son attachement au principe de l'arbitrage, y puisera au contraire une force, une source de prestige et d'autorité nouvelles ; elle ne laissera plus à la République des États-Unis le privilège de donner seule son exemple à l'univers ; les autres nations européennes ne tarderont pas à la prendre une fois de plus pour guide.

Nous pourrons nous honorer, Messieurs, d'avoir su comprendre l'élévation, le bienfait et la portée d'une telle mission. Nos fils, plus tard, nous sauront gré de ne pas l'avoir déclinée, car nous allégerons les difficultés qui s'accumulent pour eux à l'horizon. Nous servirons ainsi de la façon la plus efficace notre pays, puisque, tout en respectant les traditions les plus libérales, les plus humaines et les plus nobles de son passé, en même temps que nous défendrons de toutes nos forces ses intérêts dans le présent, nous sauvegarderons moralement et matériellement et nous préparerons de notre mieux la grandeur de son avenir.

Les relations franco-anglaises.

M. Thomas Barclay. — Les visites du Roi d'Angleterre
et du Président de la République

Un de ceux qui, avec les Frédéric Passy et les autres
apôtres de la Paix, ont le plus travaillé pour la bonne entente entre la France et l'Angleterre, M. Thomas Barclay
(ancien président de la Chambre de Commerce Britannique
à Paris), s'exprimait ainsi dès le 27 mars 1901, devant
les membres de la Société Francaise pour l'arbitrage entre
les nations :

Il n'y a pas au monde deux pays entre lesquels il y
a autant de va-et-vient. Paris est devenu indispensable
à l'économie sociale anglaise. La Côte d'Azur, la Nor-
mandie, la Bretagne sont chaque année le rendez-vous
d'Anglais qui se comptent par dizaines de milliers. La
France, de son côté, travaille avant tout, après avoir
servi son propre marché, pour le marché anglais. Les
Anglais et les Français gravitent vers les mêmes centres

intellectuels, artistiques, littéraires. Et en ce qui concerne leurs sympathies réciproques, j'ose dire, sans aucune crainte de contradiction, que de tous les étrangers, les Français sont les plus aimés en Angleterre pour leurs qualités de cœur, d'esprit, de loyale franchise et de bon goût, comme j'ose dire que de tous les étrangers qui fréquentent la France, ce sont les Anglais dont au fond on estime le plus ici les qualités de solide amitié. L'Anglais a ses défauts, de grands défauts, mais il a une qualité au moins qui ne doit pas vous laisser froid : c'est son admiration pour le caractère français. Lisez nos romans, surtout les plus récents, et voyez comme des auteurs comme Gissing, Merriman et bien d'autres, parlent de la France, des Français et des Françaises, de ces femmes vaillantes qui combinent l'amour du travail et une aptitude unique pour les affaires, avec tout ce qui fait le charme et le bonheur de la vie de famille.

L'année dernière, on parlait d'une guerre possible entre l'Angleterre et la France. En Angleterre on supposait que les Français n'attendaient que la fin de l'Exposition pour nous chercher querelle. En France, on interprétait certains dires d'hommes politiques à l'adresse de ce pays comme des provocations calculées. Au fond, il n'y avait chez l'un comme chez l'autre que le désir de rester dans les relations les plus amicales, et quand toutes les Chambres de Commerce du Royaume-Uni ont répondu à l'appel que je leur faisais, au nom de la Chambre de Commerce britannique à Paris, et ont envoyé 400 délégués pour témoigner à la France le véritable sentiment de l'Angleterre, la réception qu'ils ont eue à Paris mit définitivement à néant toutes les rumeurs malsaines par lesquelles on a cherché à brouiller nos deux pays. En effet, c'est notre devoir de toujours atténuer la nature de toutes les difficultés, et même de toutes paroles imprudentes qui peuvent gêner nos bonnes relations de voisins. L'exemple donné par le haut commerce de la Grande-Bretagne, l'année dernière, était une brillante manifestation de *self-help*, et constitue un précédent des plus précieux.

M. Thomas Barclay ne restreignit pas son action au seul monde du commerce et de l'industrie. En sa qualité de vice-président de l'Association du droit international *(International Law Association)*, il présenta, en 1902, aux membres de la Ciambre des Communes, un rapport tendant à l'établissement d'une commission franco-anglaise, dont l'objet serait de régler les différends entre les deux pays, sur les bases du traité anglo-américain de 1897. Ce projet fut apprécié. Sur 120 chambres de commerce anglaises, 80 d'entre elles, et des plus importantes, l'adoptèrent. Elles furent suivies par 46 chambres de commerce françaises et par 21 municipalités.

Les sympathies franco-anglaises ne firent que s'accentuer depuis. La visite récente du roi d'Angleterre en France et les paroles qui furent échangées entre les deux chefs d'Etat, leur donnèrent une solennelle consécration.

A la veille du voyage que le Président de la République fit, à son tour, en Angleterre, la commission du budget de la Chambre des députés fut saisie de l'examen d'un projet de loi portant ouverture d'un crédit extraordinaire à l'occasion de la double visite du Roi et du Président, et de la réception prochaine du Roi d'Italie.

Le journal officiel porte ceci :

M. FRANCIS DE PRESSENSÉ, *rapporteur*. — La Commission estime que la Chambre voudra s'associer par son vote à des actes qui sont, à ses yeux, de nature à contribuer à l'affermissement de la paix. (*Très bien ! très bien !*) Dans l'état présent des relations internationales, les visites réciproques des chefs élus ou héréditaires des nations ne peuvent que préparer et aplanir les voies à cette entente permanente des peuples civilisés, où l'opinion publique éclairée voit de plus en plus la base de l'ordre universel (*Applaudissements*).

Sans doute, c'est avant tout sur la dépendance croissante et l'harmonie grandissante des intérêts mutuels que repose la paix du monde. Sans doute encore, il convient de compter surtout sur les progrès de l'esprit de solidarité, sur ceux de la conscience et de la raison humaines pour prévenir de regrettables conflits, pour conjurer des guerres qui finiront bien, même de nation à nation, par être envisagées comme civiles et intestines, et pour substituer à l'appel à la force brutale le recours à l'arbitrage pacifique. (*Très bien ! très bien !*) Il n'en est pas moins vrai que les manifestations officielles de bonne volonté réciproque tendent à faciliter sa tâche à une diplomatie de plus en plus pénétrée de sa haute mission et qu'à ce titre une démocratie comme la nôtre a le devoir d'accueillir ces démarches courtoises dans l'esprit même qui les a dictées et d'y répondre, dans le juste sentiment de sa dignité et de sa force, avec un égal bon vouloir. (*Très bien ! très bien !*) Rien d'ailleurs ne complètera mieux ces échanges de bons procédés entre chefs d'États et ne contribuera davantage à leur donner tout leur sens et toute leur valeur que des démonstrations comme celle qui se prépare à brève échéance entre les Parlements de France et de Grande-Bretagne.

Déjà, l'envoi de tant de flottes étrangères à Alger et

à Marseille, à l'occasion du voyage du Président, avait attesté avec éclat le désir de plusieurs grandes Puissances d'affirmer à la face du monde la cordialité de leurs relations avec la République française. La France a été heureuse de ces prévenances qui correspondaient si bien aux desseins de sa propre politique. Elle a salué, en la personne du roi d'Angleterre, le chef d'un grand pays libre avec lequel l'unissent d'innombrables liens et avec lequel elle se trouve en contact sur une foule de points du globe, sans qu'il soit au-dessus des efforts de deux nations, animées d'un égal et sincère esprit de conciliation, d'empêcher des divergences naturelles et peut-être inévitables de dégénérer en conflits. Elle a vu avec satisfaction dans cette démarche spontanée le témoignage officiel et authentique d'un ferme propos d'assurer le rapprochement bienfaisant de deux peuples qui ont appris, au cours d'une longue histoire, à se respecter mutuellement et à comprendre qu'il ne saurait se produire entre eux de mésintelligence grave sans le plus funeste dommage, non seulement pour leurs intérêts respectifs, mais pour ceux mêmes de la civilisation. (*Applaudissements*).

C'est dans ces conditions, et avec cette signification que votre commission du budget a l'honneur de vous proposer d'accorder au ministre des affaires étrangères, sur l'exercice 1903, le crédit extraordinaire de 600,000 fr. qu'il sollicite du Parlement et qui lui servira non à instituer en pleine République je ne sais quelle contrefaçon des fonctions dynastiques et des cérémonies de cour monarchique, mais à faire prendre à la France sa part légitime en de grandes manifestations de paix internationale et de concorde européenne. (*Applaudissements*).

M. LE PRÉSIDENT. — Je consulte la Chambre sur la déclaration d'urgence.

(La Chambre consultée déclare l'urgence. — Elle ordonne ensuite la discussion immédiate).

M. LE PRÉSIDENT. — La parole est à M. d'Estournelles dans la discussion générale.

M. D'ESTOURNELLES. — Messieurs, je n'ai pas besoin de dire que je vais voter des deux mains les crédits qui nous sont demandés, mais auparavant, je désire présenter à la Chambre quelques courtes observations.

Comme notre honorable rapporteur, je vois dans les visites de souverains et de chefs d'État qui ont eu lieu ou vont avoir lieu, plus et mieux que des manifestations d'officielle courtoisie. J'y vois le signe d'un changement que je suis loin de m'exagérer et qui est, au contraire, bien lent à mon gré, mais qu'on ne saurait contester, dans l'orientation de la politique générale : on commence à comprendre que les États européens ont entre eux, non des antagonismes seulement, mais aussi des intérêts communs.

C'est une satisfaction assez légitime également pour nous de voir l'Europe, en dépit de tant de prédictions pessimistes, nous rendre justice et la République recueillir les fruits naturels de la politique pacifique qui est sa raison d'être, son existence devenant une des garanties de la paix du monde.

Mais plus cette satisfaction est vive, plus il importe qu'elle soit durable. Nous sommes nombreux aujourd'hui à la Chambre et au Sénat — et aussi dans d'autres Parlements — à nous préoccuper des moyens d'assurer cette stabilité indispensable ; et le meilleur moyen d'y arriver c'est l'organisation de l'arbitrage international. (*Très bien ! très bien !*)

J'appellerai donc une fois de plus l'attention de M. le ministre des affaires étrangères sur l'intérêt qui s'attache à ne pas laisser se dissiper l'ensemble de circonstances favorables qui se présentent pour réaliser — oh ! dans une mesure très modeste, — les vœux qui, tant de fois, déjà, lui ont été soumis.

Je ne demande pas l'organisation universelle et chimérique de l'arbitrage ; rien qui puisse nous affaiblir ou nous inquiéter ; on le sait de reste. Je voudrais simplement que l'on se décidât enfin à considérer l'arbi-

trage international, comme une précaution, une assurance de l'ordre le plus rudimentaire et le plus pratique ; comme une simplification un progrès scientifique déjà très tardif, quand on pense à tous les autres
progrès qui l'ont précédé.

Est-il possible d'admettre, en effet, que les relations
internationales restent aujourd'hui, sous le rapport le
plus essentiel, ce qu'elles étaient il y a des siècles, et
que, lorsque tout rapproche matériellement les peuples.
depuis le téléphone ou l'automobile jusqu'à la télégra-
phie sans fil et même le ballon dirigeable, ces peuples
continuent à n'avoir d'autre moyen que la violence
pour résoudre leurs inévitables conflits? Est-il possible
de perdre de vue que plus les peuples se rappro-
chent, plus s'étendent dans toutes les parties du
monde leurs possessions lointaines, plus leurs con·
testations doivent se multiplier avec leurs points de
contact, plus ils ont intérêt par suite à prévoir, dans
les moments de calme et de détente, les moyens de
traverser pacifiquement les moments de crise? Est-il
possible de ne pas comprendre que l'organisation de
l'arbitrage est le complément, le corrélatif nécessaire
de la politique coloniale ou mondiale, et que cette
organisation n'existant encore qu'en principe, nous ne
devrions pas cesser un instant de nous en préoccuper,

comme d'un élément essentiel de la défense nationale. (*Très bien ! très bien !*)

Je reconnais que des progrès se font, sinon dans les conceptions gouvernementales, au moins dans nos mœurs. Jadis, on raillait ou on accablait comme des rêveurs et des coupables les partisans de l'arbitrage ; aujourd'hui on fait leur éloge. Mais au fond, qu'on les accable de fleurs ou de dédains, on ne pense qu'à enterrer leurs propositions. (*Sourires*).

Or, ces propositions doivent vivre et triompher.

Si vos ambassadeurs et vos représentants à l'étranger, monsieur le ministre, règlent leur langage sur celui que vous teniez à cette tribune, notamment le 11 mars dernier, nous ne ferons pas beaucoup de chemin, ou plutôt nous en ferons à rebours. — Passe pour certains gouvernements monarchiques de faire obstacle à l'organisation de la justice internationale, et encore ! La Russie a pris la plus efficace initiative en convoquant la conférence de La Haye. L'Angleterre a conclu avec les Etats-Unis, en 1897, le traité Salisbury-Cleveland, qui n'a échoué que par la rigueur de la constitution américaine exigeant les trois quarts des voix pour sa ratification.

L'Italie se fait honneur d'avoir conclu avec la République Argentine un véritable traité modèle, dont le

Chili s'est inspiré. La Hollande, la Suède et la Norvège nous ont depuis longtemps proposé vainement de conclure des conventions d'arbitrage et il a fallu qu'à maintes reprises je révèle l'existence de ces propositions pour qu'elles soient enfin accueillies !

La diplomatie d'une République doit-elle ne tenir aucun compte de ces précédents des gouvernements monarchiques? Doit-elle s'abandonner à la remorque des diplomates les plus rétrogrades?

Elle a pourtant d'**autres** exemples sous les yeux : les républiques de l'Amérique du Nord, les Etats-Unis, le Mexique. Malgré l'obstacle de l'Océan, les gouvernements de ces jeunes républiques ont su nous montrer le chemin de La Haye. Et non ces gouvernements seulement, mais même de simples particuliers. N'est-il pas significatif de constater qu'il a fallu, pour relever le prestige de la Cour d'arbitrage qu'elle fût magnifiquement dotée par M. Andrew Carnegie? (*Très bien ! très bien !*)

C'est à grand peine que nous avons inscrit, nous Parlement, vous Gouvernement, pour entretenir ce tribunal, qui est cependant l'œuvre de la France comme des autres puissances, une misérable somme annuelle de 5,000 fr.; et c'est un simple particulier qui nous inflige cette leçon de consacrer, lui, plus de

7 millions à la même œuvre et de souligner ainsi la mesure de notre indifférence? (*Très bien! très bien!*)

Ne verrons-nous pas dans ces initiatives venues d'ailleurs et dans ces libéralités, autant d'avertissements qui nous décident à changer de sentiment et d'attitude? Tel est le vœu que je formule et tiens à formuler nettement en émettant mon vote. Je n'insiste pas, ne voulant pas provoquer en ce moment une discussion ; mais dites-vous bien, messieurs, que les fêtes passent, tandis que les causes de difficultés restent. Si vous vous contentez de vous réjouir de gouvernement à gouvernement, si vous ne mettez pas à profit un ensemble de circonstances exceptionnellement favorables pour les uns comme pour les autres, si vous laissez disparaître, comme une lueur passagère, cet ensemble de circonstances, alors prenez garde — sans parler de la responsabilité — prenez garde à tout ce que l'autorité gouvernementale perdra quand l'opinion se réveillera face à face avec les difficultés reprenant leur cours. Ne fermez pas les yeux à ce que le plus humble des habitants du plus minuscule des États considère aujourd'hui comme un progrès, comme une précaution indispensable; prenez garde que, par un juste retour des choses, l'opinion publique ne voie dans les résistances gouvernementales une obstination qui lui semble aujourd'hui beaucoup plus dangereuse et peut-être même aussi ridicule que jadis le zèle des partisans de l'arbitrage ; — Oui ! le ridicule pourrait bien changer de côté. — Ne parlons pas, si ce mot vous choque, des intérêts de l'humanité, mais pensez aux vrais intérêts de la France, conformes, dans ce cas. aux intérêts et aux devoirs de tous les Gouvernements civilisés. (*Applaudissements*).

La discussion étant close, le projet de loi est adopté *à l'unanimité* des 486 votants.

Quelques jours après, au cours du voyage du Président de la République accompagné par M. Delcassé, ministre des Affaires Etrangères en Angleterre, *l'entente cordiale* était affirmée, et, dans le même mois de juillet 1903, M. Sinclair, membre de la Chambre des Communes, pouvait, en souhaitant la bienvenue à la délégation Française du groupe de l'arbitrage internationnal, déclarer, avec une juste fierté qu' « après l'entente des chefs d'Etat, on voyait, pour la « première fois, se réaliser l'entente de parlement à par- « lement, c'est-à-dire de peuple à peuple » :

Pour donner à la visite des parlementaires français à leurs collègues de Londres son exacte signification, nous ne saurions mieux faire que de publier le texte de l'invitation adressée de Londres au groupe de l'arbitrage international à Paris.

LETTRE D'INVITATION

DU

Commercial Committee de la **Chambre des Communes**
A M. le Président
et aux membres du groupe parlementaire français
de l'arbitrage international

———

CHAMBRE
DES
COMMUNES
—

Londres, 13 Juin 1903.

Monsieur le Président.

C'est avec un plaisir sincère que les cercles politiques
et commerciaux de la Grande Bretagne ont appris
qu'un grand nombre des membres de la Chambre des
Députés s'étaient constitués, sous votre présidence, en
un groupe dont le but est de faire de sérieux efforts
pour assurer la paix internationale, soit par l'arbitrage,
soit par la conciliation.

Il existe dans la Grande Bretagne un vif désir d'entretenir les relations les plus amicales avec notre voisin
le plus proche, la République Française, et celui de

protéger et de consolider par tous les moyens possibles, les liens commerciaux et autres qui relient les deux pays. Nous accueillons donc avec joie l'occasion qui se présente d'inviter les membres d'un autre Parlement à se réunir à nous et à échanger leurs idées sur un sujet qui est d'un grand intérêt pour notre avantage réciproque.

En dehors des informations qui nous sont parvenues, nous ignorons la nature exacte et le caractère de votre organisation nouvelle ; nous avons donc pensé, Monsieur le Président, que si vous, Président du Groupe, et ceux de vos collègues auxquels il serait possible de vous accompagner, vouliez bien nous faire le grand honneur et nous rendre le service d'assister à une réunion des membres du Parlement Anglais, nous avons pensé, disons-nous, qu'une telle réunion favoriserait un but utile. Les renseignements que vous nous communiqueriez ne seraient pas seulement avantageux au point de vue commercial, mais ils pourraient aider à servir la cause que vous avez en vue.

Nous prenons l'initiative, dans cette affaire, au nom du Comité commercial de la Chambre des Communes ; la question de parti est bannie de ce Comité et il compte 150 membres dont nous vous envoyons ci-joint les noms ; nous sommes assurés qu'en vous faisant cette invitation nous avons l'appui d'autres sections de notre Parlement.

Nous vous invitons donc cordialement à nous honorer de votre visite ; nous serions enchantés de vous recevoir le mercredi 15 Juillet, si toutefois cette date vous convient.

Nous vous prions, Monsieur le Président, de croire à l'assurance de notre considération distinguée.

(Suivent les signatures des Président, Secrétaires et Membres du Comité du Commerce).

RÉPONSE

DU

Président du Groupe Français de l'arbitrage
à l'invitation du *Commercial Committee*

C H A M B R E
DES
DÉPUTÉS
—

Paris, le 18 Juin 1903

A Sir WILLIAM HOULDSWORTH

Président du *Commercial Committee*
De la Chambre des Communes

Monsieur le Président et Cher Collègue,

Le groupe parlementaire de l'arbitrage internatio-nal s'est réuni pour prendre connaissance de l'invita-tion adressée à son président et à ses membres par le *Commercial Committee* ; il est unanime à vous expri-mer, ainsi qu'à tous les membres de votre groupe ses très vifs et sincères remercîments.

Comme le vôtre, notre groupe compte environ 200 membres, sans distinction de partis ; il est en harmonie avec d'autres groupes du Sénat et de la Chambre des Députés. Nous sommes doublement sensibles au grand honneur que vous nous faites en prenant une initiative qui répond à notre désir d'entretenir les relations les plus amicales avec la Grande Bretagne, et qui, en outre, constitue un témoignage précieux de sympathie pour le principe de l'arbitrage que notre programme consiste à faire entrer peu à peu dans la pratique et dans les mœurs internationales.

Je serai particulièrement heureux d'exposer ce programme au *Commercial Committee* ; vous n'y trouverez rien qui ne soit d'accord avec le vôtre ; l'un est le complément de l'autre ; car vous avez particulièrement en vue le développement du commerce, et nous voudrions garantir aux bonnes relations internationales le plus possible de stabilité.

En nous conviant à mettre en commun nos bonnes volontés et nos expériences, vous nous devancez dans la réalisation d'un incontestable progrès. A la suite de nos généreux précurseurs de l'Union interparlementaire, vous inaugurez des relations directes de Parlement à Parlement. Cette collaboration étendra le champ de nos devoirs et de nos responsabilités, mais aussi la portée des services que nous pouvons rendre ; elle est conforme au vœu de l'opinion comme aux nécessités des temps nouveaux.

J'espère que ceux d'entre nous qui pourront accepter votre courtoise invitation seront nombreux ; je vous ferai connaître leurs noms à bref délai. Dès à présent, l'époque qui semble la plus convenable pour les échanges de vues que nous souhaitons de part et d'autre serait entre le 20 et le 30 juillet.

Veuillez agréer, Monsieur le Président, l'assurance de mes sentiments de haute considération et de sympathie.

Le Président du Groupe de l'Arbitrage
International.

D'ESTOURNELLES DE CONSTANT.

BANQUET

Offert le 22 juillet 1903 au Palais de Westminster par le « Commercial Committee » et par un grand nombre d'autres membres de la Chambre des Lords, et de la Chambre des Communes d'Angleterre, aux membres du Sénat et de la Chambre des députés de France, constituant le Groupe de l'Arbitrage International.

C'est le mercredi soir, 22 juillet, qu'a eu lieu au palais de Westminster le banquet offert par le « Commercial Committee » aux délégués français. Trois cents députés et sénateurs, français et anglais, étaient réunis dans le célèbre palais Législatif de Londres, qui est, peut-on dire, le berceau du Parlementarisme. La plupart des orateurs — et non des moindres — ont tenu à souligner le caractère exceptionnel, unique même de cette manifestation qui comptera dans l'histoire des deux pays. Pour la première fois des parlementaires français et anglais se trouvaient réunis pour affirmer leur confiance dans l'avenir d'une institution — l'arbitrage international — de laquelle peuvent dépendre la paix et la prospérité du monde. L'événement a pris une importance que les plus optimistes ne pouvaient prévoir.

La grandiose manifestation de Westminster constitue pour le jeune groupe français de l'arbitrage international un éclatant succès.

A 7 heures et demie, cent cinquante Membres de la Chambre des Lords et de la Chambre des Communes attendaient l'arrivée de leurs hôtes français. Parmi eux, plusieurs ministres et anciens ministres. Quelques minutes se passent et les Français font leur apparition. Les Anglais battent des mains, applaudissent et les Français, touchés de cet aimable accueil, s'avancent lentement vers leurs collègues britanniques auxquels ils sont présentés par les Membres du Comité. Chaque législateur anglais prend le bras d'un de ses hôtes et l'on se dirige vers les salles à manger où le banquet aura lieu.

Toutes les salles à manger de la Chambre des Communes avaient été réservées pour le banquet. Par une délicate attention, elles avaient été ornées à profusion de fleurs bleues, blanches et rouges, disposées avec le goût le plus délicat,

Etaient présents :

Pour le parlement anglais :

Sir William Houldsworth, Président du *Commercial Comittee* :

Sir William Holland, Vice-Président du Comité ;

M. Sinclair, Secrétaire du Comité, et les Membres du Comité :

M. Arthur Balfour, premier Ministre :

Sir Henry Campbell Bannerman, ancien Ministre de la Guerre, leader de l'opposition ;

M. Joseph CHAMBERLAIN, Ministre des Colonies ;

Le Vicomte CRANBORNE, Sous-Secrétaire d'Etat des Affaires Etrangères ;

M. ASQUITH, ancien Ministre de l'Intérieur ;

Lord BRASSEY, Lord TWEEDMOUTH, Sir CHARLES DILKE, etc. etc.

Pour les Parlementaires Français :

M. D'ESTOURNELLES DE CONSTANT, Président du Groupe de l'Arbitrage ;

MM. DE LANESSAN, CAILLAUX, SIEGFRIED, anciens ministres ; DE LA BATUT, BEAUQUIER, FLANDIN, Vice-Présidents du Groupe ; DE PRESSENSÉ, rapporteur du budget des Affaires Étrangères et les Membres du groupe français,

Après le dîner Sir William Houldsworth prend le premier la parole.

Discours du Président Sir William Houldsworth

Monsieur d'Estournelles de Constant,
Messieurs nos collègues Français,
Messieurs,

Je me lève pour saluer nos hôtes et leur souhaiter la plus cordiale bienvenue dans notre vieille maison du Parlement de Westminster. C'est une belle soirée que nous devons et que l'histoire devra à cette visite qu'ont bien voulu nous faire, à notre appel, les Président et Membres du Groupe Parlementaire Français de l'Arbitrage international.

Nous avons les uns et les autres à cœur de développer les bonnes relations de nos deux pays, et il n'est pas inutile pour cela de développer et de consolider leurs bonnes relations commerciales.

Avant de demander à M. d'Estournelles de Constant de prendre la parole pour nous exposer le programme et l'organisation du groupe si important qu'il a si heureusement fondé en France, je remplis avec un grand plaisir mon devoir de Président en vous proposant tout d'abord de boire à la santé du Roi que nous avons été si heureux de voir accueilli comme il l'a été à Paris. (*Applaudissements*).

Je vous demanderai aussi de boire à la santé de M. le Président de la République Française, dont la visite nous a remplis de joie et contribuera si grandement au rapprochement de nos deux pays. (*Applaudissements*).

Je vous propose en outre, Messieurs, d'adresser, en signe de souvenir et de respectueuse sympathie, le télégramme suivant à M. Loubet :

Monsieur LOUBET,
Président de la République, Paris.

Les Membres du parlement anglais, qui ont le grand plaisir de recevoir aujourd'hui leurs collègues, sénateurs et députés français, à la Chambre des Communes, vous prient d'agréer leurs meilleurs souhaits pour l'heureux cours de votre septennat, avec l'espoir de voir s'accentuer et s'améliorer encore les relations cordiales et pacifiques des deux pays amis. (*Très vifs applaudissements*).

Et maintenant, Messieurs, je prie M. le baron d'Estournelles de Constant de bien vouloir prendre la parole comme nous l'attendons. (*Applaudissements*).

Discours de M. d'Estournelles de Constant.

Monsieur le Président,
Mes chers Collègues,

A votre flatteuse invitation les membres du Groupe Parlementaire Français de l'Arbitrage International ont répondu avec empressement et sans distinction de partis. La chaleureuse cordialité de votre accueil nous touche profondément : laissez-moi vous en remercier en peu de paroles, car aucune parole ne sera aussi expressive que le fait de cette réunion, dès long-temps préparée et confraternelle, dans une même salle de l'illustre maison de Westminster et réalisant, partiellement sans doute mais pour la première fois, le noble rêve d'une coopération directe entre les deux Parlements de France et de Grande-Bretagne. (*Applaudissements*).

Coopération pour la Paix.

Rarement dans l'histoire de nos deux pays, les circonstances se sont mieux prêtées à favoriser cette coopération : elle répond, — en même temps qu'à nos intérêts respectifs, — à un profond désir d'apaisement et de détente dans le monde. J'exprimerai l'opinion de tous mes collègues en rendant hommage à la haute confiance, à la connaissance de notre véritable esprit national, comme à la conscience des aspirations modernes dont S. M. le roi Edouard VII a fait preuve en donnant personnellement le signal de cette détente, par sa visite en France aussitôt suivie de celle de notre respecté Président, M. Loubet, en Angleterre. Et nos remerciements iront, sans oublier personne, à tous les artisans de cette bonne œuvre, quels qu'ils soient, brillants ou obscurs, chefs d'État, ministres, ambassadeurs, hommes politiques, savants, propagandistes, écrivains, journalistes, chambres de commerce, associations ouvrières, producteurs, marchands, voyageurs, qui ont travaillé à dissiper, dans la mesure de leurs forces, des préventions trop souvent fondées sur notre ignorance mutuelle, et à rapprocher deux grands pays dont le désaccord sera toujours un malheur pour la civilisation comme pour eux-mêmes. (*Applaudissements*).

La France et l'Angleterre rapprochées ! Quel soulagement pour tous les amis sincères de la liberté et du progrès ! Quelles espérances, mais aussi quels devoirs fait naître ce rapprochement ! Car il faut voir en face la vérité, et nous sommes ici pour mettre en commun notre ardent désir d'être utiles, et non pour échanger seulement d'agréables politesses. Oui, le danger de ces périodes heureuses, comme celle où nous entrons, est qu'on s'y habitue très vite : dans la crainte de les gâter, on ajourne toute discussion qui pourrait les rendre moins douces ; on en jouit, on s'en félicite, jusqu'au jour où le caprice des événements ou plutôt la force des choses nous réveille en nous rappelant que les fêtes passent mais que les causes de difficultés subsistent. (*Très bien*). En sorte que votre instinct d'hommes pratiques, d'hommes d'affaires, — deux fois responsables comme représentants du peuple et du commerce, — se trouve d'accord avec le nôtre. Votre expérience saisit le moment où nos oreilles, nos yeux et nos cœurs sont encore pleins des manifestations de Londres et de Paris, pour assurer aux bonnes relations de nos deux pays ce qui maintenant, sous peine de déceptions cruelles, est l'essentiel : un lendemain, la stabilité. (*Très bien*).

Ainsi comprise, la réception à laquelle vous nous avez conviés est bien conforme au fier et sage esprit d'initiative dont s'est honorée de tout temps la Chambre des Communes ; elle constitue plus qu'une manifestation, un acte, plus qu'une innovation courtoise, un progrès dans le développement des institutions parlementaires (*Très bien*). Vous restez le Parlement modèle mais nous sommes jaloux de ne pas vous laisser trop d'avance ; nous ne voulons pas plus que vous réduire la période où nous entrons à un éphémère temps de répit : elle doit être un point de départ. (*Très bien*).

Nous obéissons ainsi à la loi même du progrès, car on reproche à notre époque, mais elle peut s'honorer aussi de manquer de résignation. La société actuelle imagine chaque jour de nouveaux moyens de combattre les maux et les dangers qui la menacent : l'isolement, la maladie, la vieillesse, la mort même, les accidents, le feu, la tempête, toutes les fatalités, tous les fléaux naturels sont prévus par elle et, autant que possible, atténués.

Est-il admissible que nous puissions nous en tenir là, et que le seul fléau contre lequel nous soyons résignés à ne rien faire soit précisément celui que la nature nous épargne, celui qui est notre œuvre, la guerre, qu'il dépend de nous d'éviter ou de déchaîner? (*Très bien*). A défaut du bon sens et de la dignité humaine dont les révoltes heureusement sont déjà sensibles, la science elle-même proteste contre une pareille absurdité. La science n'est plus le privilège d'une élite; elle se répand, pénètre l'usine, la ferme, l'atelier. Comment empêcher dès lors le commerce et l'immense majorité laborieuse de la population de découvrir la monstrueuse lacune qui reste à combler? Comment empêcher le commerce de placer, en tête de ses frais généraux, l'excès croissant de ses charges improductives et de mesurer le progrès de ses chances de défaite en face de ses concurrents moins taxés et moins menacés? Comment accepter indéfiniment la perspective d'une ou de plusieurs grandes guerres dont la préparation seule, exigeant des transformations continuelles, immobilisant des milliards de capitaux et des millions d'activités, est déjà une ruine, mais dont l'explosion soulèverait, avec les moyens de défense dont toute puissance aujourd'hui dispose, des catastrophes financières, politiques, sociales que nous ne sommes même plus capables de concevoir? (*Très bien*).

Tout homme raisonnable est donc obligé de reconnaître que l'aggravation incessante des charges militaires européennes devient plus utopique et plus nui-sible que le rêve d'une justice internationale (*très bien*) et, si l'on se félicite à bon droit de voir un Nobel nous inviter à n'utiliser sa dynamite que pour tirer le feu d'artifice de la paix, s'il est admis que les excès de nos armements, inévitables pendant un temps, deviennent une folie à la longue et même un suicide pour l'Europe, il est bien permis, au nom même du patriotisme, de chercher un remède à ce danger comme à tous les autres fléaux, alors surtout que cette recherche est entreprise sans présomption, avec la ferme volonté de ne pas se payer de mots et en n'acceptant que des améliorations progressives, aussi sûres que l'état actuel où nous sommes est incertain.

Et qui donc peut se vouer à cette recherche avec plus d'autorité, plus de chances de succès que nos deux pays, annoblis déjà et enrichis par tant de ser-vices rendus au monde? Quelle expédition, quelle victoire égalera jamais la gloire et même les profits

d'une entreprise si populaire, si opportune, si attendue ?
La coopération de la France et de l'Angleterre est si
visiblement utile en effet à l'intérêt commun de tous
les peuples qu'elle éveillera parmi eux non la défiance
mais l'émulation et d'impérissables sympathies. (*Très
bien*). La France et l'Angleterre sont appelées à ouvrir
cette voie parce que leurs intérêts bien compris peuvent toujours et partout se concilier ; leurs produc-
tions, comme leurs qualités, loin de se contrarier, se
complètent.

Qualités différentes ; intérêt commun.

On me répondra que la France est le pays du rêve,
soit ! Mais à quelle puissance et à quelle beauté se
hausse le rêve quand il a pour piédestal le travail !
C'est grâce au rêve qui nous console et nous égaie
dans les jours sombres que nous ne désespérons jamais de nous-mêmes ; c'est grâce à lui que nous ne
sommes jamais las de notre labeur, jamais non plus
complètement satisfaits de notre œuvre.

Toujours à la recherche du mieux, nous travaillons
moins pour nous enrichir que pour réaliser notre es-
pérance. Qu'on ne nous demande pas de borner le

champ de notre activité ; sa vertu même est d'être sans limite ; moins elle est égoïste, plus elle est féconde.

Oui, quel que soit le mot dont on décore le sentiment qui nous attache à notre œuvre et qui nous détache de nous-mêmes, qu'on l'appelle désintéressement, abnégation, héroïsme ou simplement amour de l'art, peu importe, il nous est doux, nous sommes heureux de nous dévouer à quelque chose qui nous survit, qui nous dépasse et qui profite à ceux qui nous suivent ou nous approchent. (*Très bien*). Cette satisfaction est à elle seule pour nous une récompense, mais la justice et l'intérêt n'y perdent rien ; ces efforts que nous prodiguons sont rémunérés au centuple ; et, — dans ce temps où la machine semble détrôner le travail manuel, — les produits de notre industrie et de notre agriculture conservent leur vieille renommée ; nous restons le pays des produits de luxe. C'est donc que le rêve a du bon ; le rêve n'est pas une si mauvaise opération ; le rêve paie, comme on dit au Stock-Exchange ! (*Rires*).

Continuons à rêver de faire des chefs-d'œuvre, cultivons les produits de luxe ; ayons seulement le courage d'aller jusqu'au bout de notre vocation ; ne considérons pas comme une faiblesse ce qui est notre force, notre honneur, et revendiquons hautement, comme une production nationale, le luxe suprême, le luxe d'un idéal. (*Applaudissements*).

Le très grand mérite des Anglais est de faire la juste part de toutes les forces bienfaisantes en les utilisant pour le service commun au lieu de les repousser de parti pris ou de s'en moquer. Vous avez vos rêveurs illustres, vous aussi ; et vous estimez au plus haut degré le culte du progrès ; vous faites mieux : vous le pratiquez ; vous comprenez les vrais intérêts du commerce et les sources qui l'alimentent. De quoi donc vivrait le commerce sans la chimère des inventeurs, des explorateurs, des savants ? Votre raison a rendu justice à notre rêve ; et ces deux forces en s'associant ne peuvent manquer de triompher. Vous ne vous attardez jamais aux résistances rétrogrades ; vous discernez mieux que personne l'instant précis où l'innovation cesse d'être une tentative ingrate pour devenir un bienfait. Vous ne voulez pas abdiquer vos traditions civilisatrices ; aussitôt qu'une réforme est mûre et que l'opinion la réclame, vous l'adoptez, vous n'attendez pas que la Révolution l'impose. Grands voyageurs, vous suivez aussi le progrès du monde. Londres est l'observatoire économique du globe et vous voyez monter avant nous la redoutable marée de la concurrence lointaine. (*Vifs applaudissements*).

3*

La politique coloniale et l'arbitrage

Quel moyen de résister à cette invasion générale sinon la diminution générale de nos charges? Nous ne pourrons pas concilier longtemps la réduction de nos ressources et l'augmentation de nos dépenses. Vous avez comme nous, il est vrai, déployé beaucoup d'énergie pour développer votre domaine colonial ou mondial. Vous ne vous dérobez pas plus que nous à ce grand devoir. Quand l'histoire pourra mesurer, sans partialité, la poussée gigantesque de votre double expansion et en Afrique et en Asie, elle fera la part de nos fautes, mais elle admirera, comme de puissants symptômes de vitalité, l'immense espace que nous aurons conquis, les uns et les autres, sur la barbarie, et elle sera peut-être embarrassée pour savoir ce qu'il convient de louer le plus, votre persévérance ou votre ardeur.

Elle s'étonnerait toutefois si cette œuvre gigantesque restait inachevée, compromise, faute de la seule garantie qui puisse la rendre solide.

L'expansion mondiale a ses inconvénients (*rires*); elle a fait de vous presque autant que de nous-mêmes une nation continentale; elle nous expose les uns et

les autres à des voisinages imprévus, par conséquent à
des conflits avec la plupart des Etats de la terre. Il en
est de même de l'Allemagne. Si puissantes que soient
nos armées de terre et de mer, seront-elles en mesure
de faire face à des conflits qui ne se contentent plus
d'être européens et deviennent universels? Est-il une
seule combinaison militaire qui nous affranchisse les
uns et les autres de cette préoccupation! Nous flatte-
rons-nous d'y répondre en augmentant encore chaque
année nos armements sur les Océans et les rivages les
plus éloignés? Sans parler des risques et des catastrophes qu'elle peut entraîner, cette progression indé-
finie trouvera fatalement sa limite. N'attendons pas
d'en arriver là ; hâtons-nous de reconnaître que le
complément de la politique coloniale européenne n'est
autre que le développement de l'arbitrage. (*Applaudissements*).

Il est impossible de créer d'inévitables causes de
conflits sans prévoir en même temps les moyens de
les résoudre, et les moyens les moins coûteux, les
plus perfectionnés, les plus nouveaux. C'est une question de bonne organisation. Là encore le progrès scientifique nous dicte notre conduite. Partout s'impose la
règle du moindre effort ; l'invention moderne s'ingénie
à épargner toute dépense superflue de force, de temps,

d'argent ; et c'est le moment que nous choisissons pour donner aux peuples qui réclament des économies le spectacle du plus incroyable gaspillage ? (*Très bien*).

Progrès de l'arbitrage.

Pourquoi les gouvernements fermeraient-ils les yeux à l'évidence ? Cette organisation de l'arbitrage n'est-elle pas dans l'air ? N'avons-nous pas vu déjà la progression des arbitrages augmenter sensiblement et celle des guerres diminuer depuis un quart de siècle ? Cette organisation serait déjà un fait accompli si, au lieu d'en rire, on l'avait mise à l'étude comme nous le faisons aujourd'hui. L'étude est heureusement toute préparée ; sous l'action clairvoyante de quelques généreuses personnalités des deux pays, les Chambres de Commerce anglaises et françaises viennent de l'inscrire à leur ordre du jour ; votre gouvernement est loin de s'en être désintéressé. (*Très bien*). C'est à l'un de nos plus éminents collègues, à un Français, président d'honneur de notre groupe et ancien ambassadeur à Londres, M. le baron de Courcel, qu'il a confié en 1896, la présidence du Haut Tribunal chargé de juger sa controverse avec les

Etats-Unis, relativement aux pêcheries de la mer de Behring. Votre gouvernement ne s'en est pas tenu là : il a voulu rendre permanent ce mode ce règlement de ses conflits avec la grande République Américaine ; lord Salisbury lui-même, qui n'a jamais passé pour se nourrir d'illusions, n'a pas craint d'attacher son nom universellement estimé à ce projet. C'est donc qu'il pouvait aboutir ; bien d'autres que lui y comptaient des deux côtés de l'Atlantique. Nous aurions tort aujourd'hui de croire qu'une tentative qui fut si près de réussir entre deux grands Etats doit nécessairement échouer entre deux autres. (*Très bien*).

L'épreuve était si peu décourageante qu'elle a été reprise avec succès par l'Italie et la République Argentine et que tout récemment ce premier traité permanent d'arbitrage servait de modèle entre deux Etats rivaux, voisins, constamment armés l'un contre l'autre, la République Argentine et le Chili.

En Europe même ce n'est pas moi qui oublierai le saisissement joyeux de l'opinion quand on apprit, il y a quatre ans, la convocation par l'empereur de Russie de la conférence de La Haye. Nulle part cette bienfaisante décision du Gouvernement allié de la France ne souleva d'opposition ; vingt-six Puissances répondirent favorablement à son appel ; leurs représentants réunis mirent en commun des expériences, des talents, des bonnes volontés jusqu'alors trop souvent en antagonisme et ils aboutirent à une œuvre solide dont l'ignorance seule peut refuser de tenir compte, mais qui commence déjà, en dépit de cette ignorance, — que tant d'intérêts mal compris entretiennent, à pousser ses racines irrésistibles, en attendant qu'elle donne des fruits. (*Très bien*). Vous avez connu pour la plupart les principaux et les plus actifs des membres de ce congrès ; mais vous permettrez à un Français de rendre particulièrement hommage aux services incontestés du premier délégué de la Grande-Bretagne, mon vieil ami, Lord Pauncefote, malheureusement disparu depuis. Avec les Staal, les Bourgeois, les Nigra, les White, les Bernaert, les Beaufort, les Munster, les Welsersheimb et tant d'autres, Lord Pauncefote a couronné sa belle carrière par sa participation au congrès de la Paix. (*Applaudissements*).

Des circonstances adverses semblèrent faire oublier les conventions de 1899, à peine signées, et, — sous prétexte que la nouvelle juridiction ne pouvait prétendre intervenir dans tous les conflits, — on affecta de la considérer comme mort-née. Mais cette erreur ne dura pas ; on s'était mépris sur la portée d'une institution qui n'était qu'un germe ; ceux-là même qui n'avaient rien fait pour la favoriser et qui l'accueillaient avec le plus de scepticisme affectaient de lui demander la miraculeuse solution de toutes les difficultés humaines. Ceux, au contraire, qui savaient après combien d'années d'efforts, de sollicitude et de patience ce germe d'ordre et de justice commençait à poindre, ceux-là ne voyaient et ne voient encore dans le tribunal de La Haye qu'une ressource, une simplification et non une panacée. Les États qu'une contestation met aux prises ont à leur disposition aujourd'hui une juridiction arbitrale et une procédure toute prêtes qu'ils étaient obligés naguère d'improviser. (*Très bien*). Cette grave lacune pouvait les arrêter au seuil même de la solution. La Cour de La Haye maintenant existe et l'histoire s'étonnera qu'on ait tant hésité à la faire vivre.

L'Europe a perdu en partie le mérite de son initiative et naturellement l'Amérique s'en est emparée. La concurrence commerciale de l'Amérique a ses inconvénients et ses avantages ; elle nous inquiète et nous stimule, mais sa concurrence morale est un bien, et nous devons être reconnaissants à M. le Président de la République des Etats-Unis de la salutaire leçon qu'il nous a donnée en venant de loin, malgré l'Océan, avec le Président du Mexique, faire appel à la nouvelle juridiction. (*Très bien*).

Nous ne laisserons pas l'Amérique monopoliser cette œuvre humaine du progrès ; mais prenons-y garde. Les Américains ont l'instinct des nouveautés heureuses ; et voici qu'à la suite des Gouvernements, de simples particuliers nous distancent. L'un d'entre eux mérite une mention spéciale, d'autant plus que chacun de nous peut le revendiquer plus ou moins comme un compatriote. C'est M. Andrew Carnegie, de nationalité américaine, mais de sang écossais et de sentiment français. Il a trouvé le vrai moyen, le moyen bien moderne, d'assurer à la nouvelle Cour de La Haye, la considération dont elle manquait ; il l'a dotée ; il lui construit un palais. Eh bien, nous lui apporterons une clientèle : cette revanche nous reste à prendre ; et c'est à quoi notre groupe et le vôtre, d'accord avec nos vaillants précurseurs de l'Union interparlementaire, doivent efficacement travailler. (*Très bien*).

Un programme

Le groupe français de l'arbitrage international est un groupe d'étude, mais il a pour mission, en outre, d'accélérer, de faciliter l'action gouvernementale. Quand je l'ai fondé, on me disait : « Vous serez trente ! ! trente

députés inoffensifs et par conséquent sans action! (*Rires*)
« Nous n'avons pas été inoffensifs ; nous avons été agres-
sifs, indiscrets, belliqueux, et pour tout dire insuppor-
tables. Nous avons fait le désespoir de nos amis, des
Ambassadeurs, des Ministres, — mais tout de suite
nous avons reçu sans pudeur la récompense de nos
exigences. (*Applaudissements*).

Au lieu de trente, nous étions cent, puis cent cinquante, puis deux cents et davantage. A notre tête
prenaient place des hommes considérés comme essen-
tiellement positifs, MM. Berthelot, le baron de Courcel,
Waldeck-Rousseau, Jaurès. Millerand, etc.

Notre programme, vous le connaissez ; nous l'avons
fait volontairement limité. Suivant la vraie méthode
scientifique, nous envisageons l'avenir aussi loin que
possible mais sans illusion ; nous ne rêvons pas la paix
perpétuelle ; nous savons que les mauvais instincts
subsisteront à côté des bons, chez les peuples comme
chez les individus ; mais nous espérons les dominer en
les éclairant. Nous n'empêcherons pas toutes les guerres,
mais nous essaierons de les rendre plus rares et plus
difficiles. Aussi, loin d'affaiblir notre pays, nous prétendons le fortifier en le mettant à l'abri des aventures
et en lui méritant l'estime de ses voisins ; en contri-
buant à l'amélioration générale des mœurs internatio-

nales dont nous profiterons comme les autres ; en développant sa prospérité morale et matérielle, son énergie par le travail dans la paix et en lui donnant par suite des motifs et des moyens nouveaux de se bien défendre, le, cas échéant. Nul parmi nous ne conteste qu'il faudra du temps pour que les Etats arrivent, non pas même au désarmement simultané, mais simplement à s'entendre pour ne plus augmenter leurs charges militaires ; aussi laissons-nous à l'avenir ce qu'il n'est pas en notre pouvoir de résoudre et ce qu'il serait par conséquent puéril de discuter. Nous nous bornons à ce qui est actuellement à notre portée, l'organisation, l'acclimatation de l'arbitrage. (*Très bien*). Nous travaillons à le faire admettre dans les mœurs internationales comme une règle aussi générale que possible et non plus comme une exception. (*Applaudissements*).

Les objections

Que peut-on objecter à ce programme ? Quel en est le danger, l'inconvénient même ? Comment expliquer qu'il ait fallu tant de temps pour le rendre acceptable ; tant d'efforts ingrats précédant les nôtres ? Pourquoi tant d'apôtres admirables dans tous les pays ont-ils usé leur vie à ces efforts ? Les Cremer, les Passy, les Ducommun, les Gobat, les Jean de Bloch, les Egidy, les Suttner, les Moneta, les Apponyi, **les Asser**, sauve-**gardant la** pensée des Cobden, des Kant, des Washington, des Condorcet, des Saint-Simon, des Victor Hugo.

Pourquoi ? Pourquoi les arbres les plus robustes sont-ils les plus longs à croître ? Une grande idée ne prend racine qu'en raison même des résistances qu'elle rencontre et ces résistances dont elle doit triompher sont l'épreuve nécessaire de sa force, la garantie de sa durée (*Très bien*).

Merci à ceux qui nous combattent, car ils nous obligent pour les vaincre à renouveler sans cesse la sève de nos arguments ; plus leurs objections sont subtiles, qu'elles soient dictées par l'égoïsme, par la routine ou par un patriotisme sans horizon, mieux elles nous fournissent le moyen de nous expliquer. Mais, déjà on n'objecte plus rien à notre programme ; on se borne à le dénaturer ; on n'ose plus nous signaler à l'indignation d'un public qui s'est instruit ; on nous reproche seulement de demander des choses impossibles, de vouloir notamment soumettre séance tenante, à l'arbitrage, tous les conflits, anciens et nouveaux, politiques ou économiques. (*Rires*).

Nos ambitions, encore une fois, sont plus pratiques. Si nous prétendions, sous prétexte d'assurer l'avenir, remettre en question toutes les controverses du passé, toucher tous les points douloureux dont souffre l'Europe, c'est alors qu'on pourrait, avec raison, nous traiter de brouillons, de poètes et de chimériques. Nous n'allons pas entrer en lutte ouverte avec la diplomatie et lui disputer son vaste terrain d'action ; nous lui laisserons au contraire en grand nombre les occasions de se rendre utile ; nous lui laisserons le soin de prévenir, de concilier et de réparer.

Empêcher les conflits de naître, cela vaut infiniment mieux que de les déférer, en désespoir de cause à l'arbitrage, et c'est là par excellence le premier devoir de la diplomatie. Quant aux difficultés anciennes, beaucoup d'entre elles, cela va de soi, ne sauraient être soumises à l'arbitrage, mais il nous reste, pour une bonne part, les difficultés de l'avenir. La diplomatie ne les préviendra peut-être pas toutes (*rires*) ; est-ce l'offenser que de lui offrir un moyen d'en régler quelques-unes, pacifiquement, quand elle n'aura pu les concilier ? (*Très bien*). A cela on répond encore que nous réservons à l'arbitrage les difficultés les moins graves. Mais, s'il en est ainsi, n'est ce pas une raison de plus pour qu'on ne nous fasse pas tant d'opposition ? Qu'appelle-t-on, d'ailleurs, les difficultés les moins graves? Souvent les conflits n'éclatent que par l'ac-

cumulation de légers différends. Si l'arbitrage entrait
peu à peu dans nos mœurs et s'acclimatait en Europe,
nous ne laisserions plus s'amonceler ces matières
inflammables ; nous prendrions goût à un ordre nouveau, à cette stabilité que nous cherchons, à la sé-
curité si nécessaire à notre commerce. (*Très bien*). Et
qui sait si ce grand progrès, réalisé progressivement,
n'aurait pas, même dans le passé, une répercussion,
une sorte d'effet rétroactif, en ce sens que les difficultés anciennes paraîtraient d'autant plus anormales et
plus pénibles que les difficultés nouvelles se résoudraient
plus aisément ; l'opinion, par un heureux instinct de
généralisation, souffrirait de les voir indéfiniment réservées ; et, d'accord avec elle, l'effort des gouvernements, le progrès des mœurs et du temps contribue-
raient à en faciliter honorablement, par des concessions
mutuelles, l'amiable solution. (*Applaudissements*).

Appel aux deux Gouvernements.

Ainsi, nous demandons que les gouvernements de
nos deux pays mettent à profit l'heureuse période actuelle pour se rappeler leur collaboration aux conventions de La Haye. Dans une mesure dont ils sont
juges, nous leur demandons de saisir cette occasion

pour orienter le plus possible de leurs difficultés fu-
tures vers l'arbitrage. Nous insisterons, sans nous las-
ser, auprès de notre Gouvernement et, si vous faites de
même auprès du vôtre, si notre double action s'exerce
simultanément et sans défaillance, elle aboutira rapidement. (*Très bien*). Nous ne prenons parti pour aucun
projet de traité, nous nous gardons scrupuleusement
d'empiéter sur les prérogatives des pouvoirs publics,
mais nous sommes certains de répondre aux désirs et
aux besoins de nos deux pays en demandant ferme-
ment que les fêtes de Paris et de Londres aient un
lendemain. (*Très bien*). N'est-ce pas d'ailleurs le sentiment que votre souverain lui-même a clairement for-
mulé ? Informé de notre projet de visite à Londres,
S. M. le Roi a bien voulu nous faire exprimer, avant
son départ pour l'Irlande, non seulement ses vœux de
bienvenue, mais l'espoir que la discussion de l'importante question que nous examinons avec vous puisse
aboutir à un résultat satisfaisant. (*Très bien*).

Quand on récapitule tant de symptômes décisifs :
échanges de visites entre votre Roi et notre Président,
paroles explicites prononcées, vœux émis par le premier magistrat de votre Cité, par les Chambres de
Commerce, par des associations, des assemblées sans
nombre des deux côtés du détroit ; sympathies géné-

rales des populations ; chiffre de nos échanges d'année en année plus élevé et devenu si important qu'aucun de nos deux pays ne peut se passer du marché de l'autre. — on n'a pas le droit de douter que nous n'entrions rapidement dans la voie d'un accord durable, sinon la déception générale serait trop grande. (*Très bien*).

Imagine-t-on ce que deviendrait le commmerce de nos deux pays, si, pendant une année seulement, on le privait des milliards dont il s'alimente et qui actionnent tant de forces derrière lui ? Imagine-t-on ce commerce réduit à végéter sur ses réserves et à satisfaire néanmoins aux incalculables dépenses d'une grande guerre ?

Non, on n'imagine pas cela ; si on pouvait l'imaginer, il n'est pas un Anglais ni un Français qui n'appuierait notre initiative. Tous seraient unanimes à réclamer l'accord durable que nous souhaitons. Personne ne s'y trompe d'ailleurs. Ce n'est pas la prospérité de deux pays seulement qui est en jeu ; tous les peuples appellent comme nous-mêmes de leurs vœux un accord qui serait le signal d'une évolution décisive pour tous. Déjà plus d'un gouvernement a voulu devancer ce signal, mais que d'hésitations encore ! l'abstention générale est commandée par la nôtre et on escompte, malgré tout, nos conflits plus que nos progrès. (*Très bien*).

Le jour où l'on nous verra marcher ensemble au but élevé qui nous est commun, personne ne pourra plus tourner le dos à ce but et c'est à qui se hâtera de s'en rapprocher comme nous.

On saura gré à nos deux pays d'avoir contribué par leur exemple à désensorceler la vieille Europe ; nous serons restés fidèles aux traditions qui ont fait notre gloire et notre richesse. (*Applaudissements*).

Puisse en tous cas, Messieurs, se renouveler l'expérience dont vous avez si heureusement pris l'initiative en nous appelant à délibérer avec vous sur un tel sujet ; puissent nos deux Parlements se donner la main le plus souvent possible pour le bien de nos deux patries, pour la sauvegarde de la Liberté, de la Justice et de la Paix dans l'univers. (*Vifs applaudissements prolongés*).

Discours de M. A. Balfour, premier ministre

Monsieur le Président,

Monsieur d'Estournelles de Constant,

Messieurs,

Je me lève pour vous demander de voter des remerciements à M. d'Estournelles de Constant pour le remarquable et intéressant discours qu'il vient de nous adresser (*applaudissements*). Je voudrais être capable de lui rendre le compliment qu'il nous a fait avec tant de grâce en offrant à nos hôtes français un discours en français, comme M. d'Estournelles de Constant a adressé à ses hôtes anglais un discours en anglais. Mais j'ai le regret de dire que je trouve suffisamment difficile l'emploi de ma propre langue (*rires*) : je reculerais devant toute tentative de vous adresser la parole dans la langue de nos voisins (*rires*).

Je ne sais pas si tous nos convives se représentent bien quel fait unique est celui-ci dans l'histoire de la Chambre des Communes (*applaudissements*). Nous, citoyens de ce pays, nous sommes fiers de penser que cette histoire remonte jusqu'à un passé immémorial, et pourtant, dans tout ce passé, jamais ne s'est présentée une seule occasion qui puisse être mise en parallèle avec celle qui s'offre à nous ce soir. Jamais auparavant les représentants d'aucune grande nation ne se sont rencontrés avec les représentants de ce pays pour discuter non pas quelque point particulier, non pas quelque étroite question de divergence ou d'accord entre les deux pays, mais bien une grande question de politique qui pourra intéresser l'avenir non pas seulement de l'Angleterre et de la France, mais de toute la communauté des nations civilisées (*applaudissements*).

M. d'Estournelles de Constant, quand je l'ai connu pour la première fois, — il y a plus longtemps que je n'aimerais à le penser, — était un membre distingué du corps diplomatique, et il a payé ce soir un gracieux tribut à la diplomatie en disant que c'est le devoir des diplomates d'empêcher les controverses internationales d'arriver à un état aigu. Mais j'ose penser que M. d'Estournelles de Constant, dans ses nouvelles fonctions, a peut-être fait plus pour la paix du monde qu'il n'aurait jamais pu l'espérer dans son ancienne profession ; comme *leader* de ce mouvement en France, il doit se féliciter d'avoir plus contribué à l'amitié internationale qu'il n'aurait pu y arriver par tous ses efforts, si habiles et si bien dirigés qu'ils aient pu être, s'il avait continué son ancienne carrière (*applaudissements*).

Depuis trois siècles et davantage, il y a eu un échange continuel d'idées entre la Grande-Bretagne et la France qui a profondément modifié, j'en suis convaincu, la marche des idées dans les deux pays. Ce que nous devons à l'art, à la littérature, à la critique françaises, chacun le sait ; et ce n'est pas à moi de demander si, en échange, la France ne doit pas quelque chose aussi aux idées anglaises (*applaudissements*). Mais, en tout cas, ne permettons pas que cet échange d'idées et d'influences se limite aux sciences abstraites seulement, aux arts et à la littérature ; étendons-le aux besoins pratiques de la vie, aux relations internationales dans leur sens le plus large, à l'action, en un mot, que tout grand pays doit exercer sur un autre (*applaudissements*). Je puis assurer tous les hôtes que nous recevons ce soir et auxquels nous sommes vraiment heureux de rendre hommage, qu'ils n'apprécieront jamais trop le plaisir que nous cause leur présence. Nous l'interprétons non pas comme une stérile marque d'amitié, d'une amitié internationale qui pourrait avoir surgi un moment pour disparaître de même. Nous l'interprétons comme la preuve que c'est *l'intention bien réfléchie et arrêtée* de ces deux grands pays voisins, de faire leur possible pour établir sur une base permanente une organisation qui puisse prévenir ces causes de petits conflits qui, si petites soient-elles, peuvent engendrer des événements tragiques dans leur caractère et permanents dans leurs fatales conséquences (*applaudissements*). Et je me réjouis de penser que nous ne nous sommes pas réunis ici dans un esprit de folie utopique, ni dans l'illusion que toute réunion interparlementaire peut dispenser, comme par enchantement, la paix au monde. Pareille folie est loin de notre pensée, mais je puis assurer M. d'Estournelles de Constant et tous nos hôtes assemblés ici ce soir, que le gouvernement de sa Majesté, et je crois également l'opposition, sont animés également de la ferme résolution de coopérer de tout cœur avec lui si nous parvenons à trouver quelque moyen pratique pour empêcher les petites maladies de prendre un développement fatal. Je suis certain que cet heureux dénouement sera le résultat de la réunion de ce soir et c'est dans cette ferme croyance, dans cet espoir plein de confiance, que je remercie M d'Estournelles de Constant pour tout ce qu'il a dit ce soir, et que je remercie nos hôtes d'avoir traversé la Manche pour nous rencontrer. Nous désirons aussi profondément une paix permanente entre nos deux pays que M. d'Estournelles lui-même ou n'importe lequel de ses amis.

Messieurs, je vous demande de voter des remerciements à M. d'Estournelles de Constant et à nos hôtes pour le discours que M. d'Estournelles nous a adressé et pour commémorer la grande occasion qui nous a réunis tous ensemble (*applaudissements*).

Le Président donne la parole à sir Henry Campbell-Bannermann, *leader* de l'opposition, qui est accueilli par de vifs applaudissements.

Discours de sir Henry Campbell-Bannerman

Je m'associe avec le plus grand plaisir aux sentiments que le premier ministre vient d'exprimer. Comme il l'a dit, M. d'Estournelles de Constant est un grand ami pour nous, et chaque fois qu'il revient ici nous le fêtons, car nous savons que son amitié pour notre pays se concilie avec son loyal, intelligent et actif patriotisme. Nous savons quel a été le succès de ses efforts au service de l'amitié internationale et de la paix ; nous nous réjouissons de le voir entouré aujourd'hui d'un cercle de collègues distingués, tous animés du même esprit que lui. Nous le remercions de ses paroles si pleines de raison et de vérité. Cette visite est heureusement une nouvelle preuve de notre amitié croissante envers la France, amitié qui éveille des sentiments réciproques. Nous sommes encore sous la douce impression des visites du roi et du président, mais je n'hésite pas à dire que ces heureux rapprochements, heureux en eux-mêmes et dans leurs résultats, j'en suis sûr, ne créent ni ne réveillent, mais plutôt découvrent la profonde estime existant entre les deux peuples (*applaudissements*).

Ce n'est pas seulement les intérêts communs ni les relations commerciales ; mais le président Loubet nous a rappelé avec raison que nous sommes les deux nations d'Europe les plus attachées à la liberté. Je signalerai une conséquence secondaire mais pourtant importante de cette réunion. Nos hôtes nous aident sans doute à consolider l'amitié des deux pays ; mais ils font davantage ; ils font ressortir notre foi dans l'efficacité et la solidité du gouvernement et des principes parlementaires. Il y a bien longtemps déjà, avec quelque intermittence, que nous jouissons des avantages du gouvernement parlementaire. Il y a eu, sans doute, de mauvais jours, mais il y a longtemps, et nos convives se rappelleront peut-être ce mot d'un ambassadeur de France informant son gouvernement du coup d'Etat d'Olivier Cromwell ; il écrivait : « Le coquin a renvoyé son Parlement et à présent il parle et ment tout seul. » Aujourd'hui nous sommes heureux de considérer cette phrase comme très ancienne, et de voir consacrer les institutions qui sont la source même de notre prospérité.

Ici l'orateur s'exprime en français.

Le premier ministre a très modestement refusé de parler une autre langue que l'anglais, mais il me semble que quelqu'un, au nom du Parlement britannique, pourrait essayer, si faiblement et imparfaitement que ce soit, d'exprimer en français à nos amis français, les sentiments qu'inspire leur visite aux deux Chambres du Parlement britannique. J'espère que M. John Bull ne se scandalisera pas trop en apprenant qu'un membre du Parlement britannique a osé, dans l'enceinte même de ce monument, parler un langage qui n'est pas le sien ; et il faut faire très attention ici aux idées de M. John Bull (*rires*). Je me déciderai cependant à dire en français quelques mots. mais ces mots seront très sincères (*applaudissements*). Je vous assure, Messieurs, du grand plaisir que nous cause votre visite, et quand je dis *nous*, je veux dire nous tous. Nous appartenons ici à tous les partis et à toutes les fractions des deux Chambres du Parlement. Vous avez ici le premier ministre de la couronne, l'enfant gâté de la

Chambre des Communes (*rires et applaudissements*) ; vous avez mon ami le ministre des colonies, un homme formidable, l'enfant terrible du Parlement (*rires prolongés et applaudissements*). Vous avez en moi leur adversaire officiel (*nouveaux rires*). Vous avez des représentants distingués de tous les rangs, de toutes les nuances, de toutes les opinions, de toutes les ligues, et aujourd'hui elles fourmillent (*rires* ; les députés français crient : « et chez nous aussi ! ») Mais quelles que puissent être nos nuances et nos différences, il y a une chose qui nous est commune, c'est notre admiration pour la belle France, notre amitié pour vos concitoyens, notre volonté d'affermir les bonnes relations existantes entre nous, et particulièrement en ce moment, la bonne et cordiale bienvenue que nous vous souhaitons et notre reconnaissance pour l'honneur que vous venez de nous faire (*applaudissements vifs et prolongés*).

Discours de M. Chamberlain

Messieurs, l'honneur que vous me faites est inattendu, car il était convenu qu'il n'y aurait pas d'autres discours que ceux que vous venez d'entendre. Mais c'est, j'imagine, en ma nouvelle qualité que l'on me demande de prendre la parole, en ma qualité « d'enfant terrible » (en français), et j'espère que vous me trouverez moins « terrible » que ma réputation (*applaudissements*). Je m'associe de tout cœur à la satisfaction exprimée par le premier ministre et le *leader* de l'opposition dans cette réunion unique, et j'irai jusqu'à dire que c'est aussi une occasion unique. Je crois à l'*entente cordiale* (en français) entre les deux pays, et cette « entente » dépend moins des conventions et des traités que d'une mutuelle sympathie entre les peuples. Cette sympathie existe ; elle ne demande qu'à se produire. Nos deux pays sont voisins ; nous pouvons aider à les rendre amis. Loin d'être en antagonisme, nous nous complétons l'un l'autre. Les qualités spéciales que nous reconnaissons et admirons chez nos amis français sont précisément celles qui nous manquent le plus, et nous avons aussi, comme on l'a dit, des qualités qui font un tout parfait quand on les joint à celles de nos voisins. Je suis assez vieux pour me rappeler le temps où pendant la guerre de Crimée il y a eu une « entente cordiale » que nous désirons renouveler (*applaudissements*) ; et après avoir entendu ce soir tant parler des horreurs et des maux de la guerre, rappelons-nous qu'elle a quelquefois ses compensations. A cette époque, Anglais et Français, avec un égal courage, combattaient côte à côte pour une cause qu'ils croyaient juste, et cela aboutit à une communauté de sentiments qui exista pendant longtemps. S'il est survenu plus tard un refroidissement temporaire, il a été dû peut-être à un fait auquel M. d'Estournelles de Constant a fait allusion, à savoir que l'expansion coloniale a ses inconvénients. Lorsque commença la colonisation de l'Afrique, des intérêts rivaux furent fatalement en présence, qui rendirent difficile le maintien de l'entente. Mais heureusement cela est passé. Comme ministre des colonies, je suis, peut-être plus qu'aucun autre membre du Gouvernement, le perturbateur naturel de la paix ; je suis donc bien placé pour dire que je ne vois aucune espèce de terrain de sérieux conflit possible dans l'avenir entre nos deux pays. Bien entendu il subsiste des divergences ; mais elles sont de telle sorte que, prises au début et dans un esprit amical, elles peuvent être aisément résolues à notre mutuelle satisfaction (*applaudissements*).

Et c'est pourquoi, quant à moi, j'attache tant d'importance au mouvement dont M. d'Estournelles a pris l'initiative et qui est si bien accueilli des deux côtés de la Manche. En premier lieu nous aborderons les difficultés à résoudre dans cet esprit de sympathie qui est la principale garantie de la paix ; et je suis convaincu que nous les réglerons avec ou sans arbitrage ; avec arbitrage si nous ne pouvons pas faire autrement.

Le premier ministre a dit que cette soirée était un fait unique dans l'histoire des deux Parlements. C'est aussi une occasion, je le répète, dont nous devons profiter. Notre roi, avec son appréciation instinctive des événements qui lui vaut l'admiration, le respect et l'affection de ses sujets, a compris combien il est important pour les intérêts non seulement de nos deux pays mais du monde entier, que la France et l'Angleterre parlent le plus possible d'une seule voix pour la civilisation et la liberté (*Applaudissements*). Notre hôte, ce soir, a rempli sa tâche noblement et simplement et a gagné la confiance du peuple britannique pendant la courte visite qu'il nous a faite (*Applaudissements*). Et maintenant c'est à nous, chacun dans sa mesure, de prendre part à ce grand mouvement et de rétablir l'entente dont j'ai parlé sur des fondements si fermes qu'ils ne puissent plus être ébranlés. Et je suis convaincu que c'est le résultat pratique que nous pouvons espérer de cette heureuse réunion.

RÉPONSE
de M. d'Estournelles au discours
de MM. Balfour, Campbell-Bannerman,
Chamberlain et Houldsworth

Mes Chers Collègues,

Au nom de mes camarades et amis français, j'ai à cœur de répondre aux paroles de profonde sympathie prononcées à l'égard de la France et de l'arbitrage par les hommes d'Etat éminents que nous venons d'applaudir.

A M. Arthur Balfour, à mon ami Arthur Balfour, (car il est vrai que nous nous connaissons maintenant depuis plus de vingt années), je dirai que je suis heureux, ému de son adhésion, si explicite, à la juste cause que nous défendons. Cette adhésion est pour moi une récompense comme aussi son appréciation des services que j'ai pu rendre aux bons rapports des deux pays en quittant la diplomatie. Nombreux furent ceux qui me blâmèrent alors et n'hésitèrent pas à penser que j'avais eu tort de me dévouer à une généreuse idée plutôt que de rester attaché à une bonne carrière ; nombreux furent ceux qui déclarèrent avec une commisération touchante que décidément j'avais mal tourné !... (*rires*). Aujourd'hui, je prends ma revanche ; il est possible que j'aie mal tourné, mais c'est au bénéfice de mes idées, et si je suis parti seul avec elles il y a huit ans, nous revenons plus de cent aujourd'hui pour les défendre, (*vifs applaudissements*) et nous vous rencontrons, mes chers camarades, dans une étroite et chaleureuse union, pour les défendre comme nous, sans distinction de pays ni d'opinion. C'est quelque chose et je n'avais jamais fait, je l'avoue, un si beau rêve que celui que nous réalisons ce soir ensemble.

Sir Henry Campbell-Bannerman n'a pas voulu laisser à son loyal adversaire, sans en prendre sa large part, le mérite de ses sympathies pour l'organisation d'une paix durable entre nos deux pays et je le remercie, en notre nom à tous, de son chaleureux et spirituel discours. (*Applaudissements*). J'irai même jusqu'à dire — au risque de prendre un instant et imprudemment parti entre l'honorable représentant de l'opposition et le premier ministre, que sir Henry a remporté ce soir sur M. Arthur Balfour une incontestable petite victoire, car il a eu le courage de parler français (*rires et applaudissements*), et cette petite victoire est d'autant plus décisive que M. A. Balfour aurait pu très bien faire de même s'il avait voulu, car il m'a parlé français et parfaitement pendant tout le cours du dîner. (*Nouveaux rires*). M. A. Balfour a donc incontestablement une revanche à prendre, et cette revanche est toute indiquée : nous le convions à venir à son tour, accompagné de sir Henry Campbell-Bannerman et de vous tous, nous faire un discours en français, mais cette fois à Paris. (*Bravos et applaudissements*).

Quant à M. Chamberlain, il nous a dit aussi d'excellentes choses dont je prends acte. Depuis plus de vingt années également nous nous connaissons et je constate, une fois de plus, que ces années ont passé sur lui sans laisser de traces. Je vais même profiter de nos relations anciennes pour lui répondre avec une netteté qui n'aura rien de diplomatique. D'autres éluderaient peut-être cette réponse, mais précisément la beauté, le prix de notre réunion de ce soir est que, malgré nos divergences profondes de vues entre Français comme entre Anglais, — entre Français comme entre Anglais — nous avons réalisé de tels progrès que nous pouvons néanmoins parler librement et sans contrainte. Oui, M. Chamberlain a la réputation non pas d'un enfant, mais d'un homme terrible ; à quoi bon le dissimuler ? Mais je ramène tout au service de ma cause et je découvre que M. Chamberlain peut disposer d'un excellent et infaillible moyen de modifier cette réputation : il a parlé de son attachement à la paix : *qu'il le prouve!*... (*vifs applaudissements*) qu'il prouve son attachement non pas au mot seulement, mais à la chose ! (*applaudissements*) voilà ce que je lui demande et ce qu'il fera, j'en suis sûr, comme je suis sûr de son désir sincère d'entretenir avec la France les meilleures relations possibles. (*Applaudissements*).

Seulement, entendons-nous bien ! il a parlé de l'entente cordiale entre nos deux pays ; c'est là ce que nous désirons tous ; il a rappelé que cette entente avait déjà existé, même officiellement : cela est vrai. Mais que de progrès, depuis un demi-siècle ! Alors c'était l'entente cordiale pour la guerre : celle-là, nous n'en voulons plus.

Nous voulons l'entente pour la paix ! (*Applaudissements prolongés*).

Les députés anglais se lèvent et chantent en chœur, en l'honneur de l'orateur : *He is a jolly good fellow !*

Allocution de M. de Lanessan

Messieurs, un dernier toast nous reste à porter et, sur l'invitation de notre ami M. d'Estournelles de Constant, je lève mon verre en l'honneur du président de ce banquet, Sir William Houldsworth (*applaudissements*) et des membres du Parlement britannique qui nous reçoivent ce soir dans l'illustre palais de Westminster. Cette réception est à la fois cordiale et politique et il n'en pouvait être autrement entre les représentants de nos deux pays : l'Angleterre qui a fondé le parlementarisme pour la défense des libertés publiques et privées, la France qui a pris pour base de ses institutions la liberté et s'est constituée par là même le champion de la paix dans le monde. (*Applaudissements*).

Chacun de nous, Messieurs, reconnaît que cette réunion marquera l'entrée de nos deux pays dans une phase nouvelle de leur histoire.

Saluons cette aurore (*Applaudissements*), et buvons au succès de notre œuvre désormais commune, à l'affermissement de nos institutions dans la paix et la liberté. (*Vifs applaudissements*).

Nous ne saurions trouver de conclusion meilleure à cette publication de documents que dans une communication pressante adressée par M. d'Estournelles à notre ministre des affaires étrangères.

Avec l'éminent signataire de cette lettre nous dirons qu'il faut *se hâter* de profiter des circonstances. Il n'y a pas, sur la terre de France ou en Angleterre, un seul homme de bon sens qui ne souhaite l'accord préconisé entre les deux grandes nations.

Paris, le 3 août 1903.

Monsieur le ministre,

Le Groupe français de l'arbitrage international vient d'inaugurer à Londres une coopération directe de Parlement à Parlement, c'est-à dire de peuple à peuple. Cette coopération, succédant à la visite spontanée du roi d'Angleterre à Paris, et à celle de M. le Président de la République à Londres, ne peut rester sans lendemain. Les chefs des deux États et les représentants des deux peuples ouvrent aux gouvernements un horizon nouveau.

Depuis vingt années, en effet, les relations franco-anglaises ont été constamment troublées par des difficultés qu'on n'a pas osé régler, dans la seule crainte d'une opposition parlementaire. Cette crainte étant, présentement et dans une large mesure, dissipée, rien n'empêche plus d'en finir avec l'ancien régime d'expectative et de silence qui nous a tenu lieu de politique.

Tous les hommes d'État anglais que nous avons vus, sans distinction de partis, depuis le premier ministre, les ministres des affaires étrangères, des colonies, du commerce, jusqu'aux membres les plus éminents de l'opposition, sont unanimes à appeler comme nous de leurs vœux cette politique nouvelle. Elle nous vaudra l'estime et la gratitude de tous les peuples en faisant pénétrer dans la pratique les principes posés par notre allié l'empereur de Russie à la conférence de la Paix.

Mais cette politique doit être définie aujourd'hui aussi nettement que celle du passé fut obscure, afin que l'opinion puisse en suivre et en faciliter les progrès. Elle a trois objets essentiels :

1° Conclusion du traité d'arbitrage que notre groupe réclame depuis sa fondation, conformément à l'article 19 des actes de La Haye (de même qu'il a réclamé et obtenu la négociation de traités semblables avec la Hollande, la Suède et Norvège ; de même qu'il en obtiendra d'autres encore, nous l'espérons, notamment avec l'Italie), traité raisonnable et dans les limites de notre programme, analogue à ceux qui ont été négociés ou conclus entre l'Angleterre et les États-Unis, la République Argentine et l'Italie, avec cette différence toutefois que, la Cour de La Haye étant aujourd'hui constituée, ledit traité en tiendra compte et fera cesser le boycottage qui pèse sur elle. Nous ne voulons pas d'un simulacre de traité aboutissant à diminuer l'œuvre de La Haye : l'opinion ne l'accepterait pas plus que nous ;

2° Ce traité signé, les Anglais ne demandent qu'à se mettre d'accord avec la France et la Russie pour limiter l'écrasant fardeau des dépenses militaires navales des trois puissances ; j'ai reçu à cet égard, verbalement et par écrit, des assurances catégoriques ;

3° Enfin, dès à présent et le plus tôt possible, une liquidation s'impose : liquidation amiable de toutes les difficultés que la diplomatie depuis vingt ans use ses efforts à éluder et qui plusieurs fois ont été sur le point de faire éclater une guerre désastreuse pour l'un comme pour l'autre des deux pays. Il surgira bien assez de difficultés nouvelles dans l'avenir ; débarrassons-nous des anciennes.)

Sur ces trois points, les dispositions sont également favorables à Londres ; les nôtres ne sauraient être différentes. L'incertitude où nous avons vécu ne peut plus durer ; il faut savoir prendre un parti. Aboutissons à un accord ; nous vous soutiendrons, monsieur le ministre, pour y arriver, et notre ambassadeur à Londres ne peut souhaiter de son côté un but plus digne de sa belle carrière.

Hâtons-nous donc de profiter de circonstances toujours changeantes. Qu'on ne nous dise pas qu'il convient d'attendre notamment la fameuse date des élections générales anglaises, éternelle défaite invariablement employée pour échouer aux résultats que l'on connaît.

Avec une égale bonne volonté de part et d'autre, trois accords généraux peuvent être signés dans quelques mois avec l'Angleterre.

Votre absence de Paris m'oblige, monsieur le ministre, à vous écrire ; mais je compte bien, à la rentrée du Parlement, vous poser une question sur le même sujet.

Enfin M. d'Estournelles vient d'adresser (août 1903) la circulaire suivante aux conseils généraux de France :

Une question posée par la Russie, alliée de la France, à la conférence de La Haye, — la question de l'arbitrage international, — reste sans solution, comme si elle n'intéressait aucun gouvernement européen ni aucun peuple. La Cour permanente de La Haye, solennellement constituée par accord de 26 Puissances, n'est fréquentée que par les républiques du nouveau monde ! Les conventions de La Haye — dont l application seule pourrait soulager l'Europe des fardeaux qui l'écrasent et qui paralysent tant d'activités et tant de milliards — restent lettre morte.

Les Chambres de commerce protestent, avec toute la population laborieuse de France et d'Europe, contre une pareille méconnaissance des intérêts essentiels de la production et de la paix générales ; il suffirait, pour y mettre un terme, que les Conseils généraux de France prissent l'initiative d'une manifestation qui leur vaudrait la reconnaissance du pays et celle du monde civilisé.

J'ai l'honneur de vous proposer, en conséquence, l'adoption du vœu suivant, entièrement conforme à ce que les délégués de toutes les Puissances représentées à La Haye ont fait acclamer et voter en 1899.

PROJET DE VŒU

Le Conseil général émet le vœu que l'article 19 de la convention de La Haye, signée par vingt-six puissances contractantes et prévoyant la conclusion de conventions d'arbitrage entre ces puissances, reçoive sans plus de retard son application, dans l'intérêt général de la paix et pour le développement matériel et moral du progrès en France comme dans tout Etat civilisé.

D'Estou   elles de Constant,

député de la Sarthe,
président du groupe parlementaire français
de l'arbitrage international.

Voici, d'après l'Administration Préfectorale, les résultats de la consultation :

Nombre des Conseils généraux : 87

60 ont émis un vœu en faveur de l'Arbitrage.

9 ne se sont pas encore réunis ou n'ont pas fait parvenir leur réponse présumée en majorité favorable.

18 ont rejeté, refusé ou négligé de discuter le vœu, savoir : *Ariège, Aisne, Ain, Corse, Côtes-du-Nord, Finistère, Loire-Inférieure, Maine-et-Loire, Manche, Haute-Marne, Meurthe-et-Moselle, Meuse, Morbihan, Orne, Basses-Pyrénées, Haut-Rhin, Deux-Sèvres, Somme.*

Cette manifestation de *soixante* Conseils Généraux en faveur de l'Arbitrage est d'autant plus significative que nos Assemblées départementales n'ont été saisies qu'à la veille de leur réunion, sans publicité et par une simple circulaire du Groupe parlementaire. Dans certains Conseils la minorité favorable a été très forte. Ainsi, dans les Deux-Sèvres le vœu n'a été rejeté par 9 voix contre 9 que grâce à la voix prépondérante du Président.

17 septembre 1903.

APPENDICE

GROUPE PARLEMENTAIRE
DE L'ARBITRAGE INTERNATIONAL

LISTE DES ADHÉRENTS

ET

Composition du Bureau à la Date du 1ᵉʳ septembre 1903

PRÉSIDENTS D'HONNEUR :

MM. BERTHELOT, de l'Académie Française.

Le Baron de COURCEL, Membre de l'Institut, Président de l'Arbitrage anglo-américain des Pêcheries de Behring.

E. LABICHE, Président du Groupe de l'Union interparlementaire.

WALDECK-ROUSSEAU, ancien Président du Conseil, Avocat.

Président : M. D'ESTOURNELLES DE CONSTANT.

Vice-Présidents : MM. DE LA BATUT, BAUDIN, BEAU-QUIER, DUBIEF, FLANDIN, JAURÈS.

Secrétaires : CORDEROY, CORNET, COUYBA, JANET, THIERRY, VIGOUROUX.

Questeur : M. PAJOT.

ADHÉRENTS :

MM. LES SÉNATEURS

Barbey ; Bataille ; Bayoi ; Beaupin ; Béraud ; Bérenger ; Berthelot ; Bézine ; Bidault ; Boissier ; Boudenoot ; Boulanger ; Charles Dupuy ; Baron de Courcel ; Crémieux ; Decrais ; Delpech ; Baron Demarçay ; Dupuy Jean ; Duval ; Gacon ; Garnier ; Gauthier (Aude) ; Gotteron ; Goutant ; Guérin (Vaucluse) ; Guyot ; Knight ; Labbé ; Labiche E., (Eure-et-Loir) ; Le Chevalier ; Lintilhac ; Lordereau ; Magnin ; Milliès-Lacroix ; Pédebidou ; Petitjean ; Peyrot ; Peytral ; Pic-Paris ; Piettre ; Piot ; Pochon ; Poirrier ; Ratier ; Rivet ; Strauss ; Trarieux ; Waddington Richard ; Waldeck-Rousseau.

MM. LES DÉPUTÉS

Abel Bernard ; Adan Achille ; Allard ; Comte d'Alsace, Prince d'Hénin ; Andrieu ; Arago François ; Aristide Briand ; Armez ; Astier ; Augé ; Aynard ; Bachimont ; Balandreau ; Ballande ; Barthou ; Baudet Louis ; Baudin ; Baudon ; Beauquier ; Berger Georges ; Bersez ; Berteaux ; Berthet ; Bertrand Lucien ; Bertrand Paul ; Bichon ; Bouhey-Allex ; Bourrat ; Bouveri ; Boyer Antide ; Breton J.-L. ; Buisson Ferdinand ; Bussière ; Buyat ; Caillaux ; Camuzet ; Cazauvieilh ; Cazeneuve ; Chaigne ; Chambige ; Marquis de Chambrun ; Chanal ; Chandioux ; Chapuis ; Charles Bos ; Charles Chabert ; Charruyer ; Chastenet ; Chaumet ; Chautemps A. ; Chauvière ; Clémentel ; Codet ; Colin ; Colliard ; Constans Paul ; Corderoy ; Cornet Lucien ; Coutant J. ; Couyba ; Cruppi ; David Henri ; Debaune ; Debussy ; Decker David ; Dejeante ; Delarue ; Delaune ; Delbet ; Deléglise ; Deloncle ; Delory ; Déribéré-Desgardes ; Derveloy ; Deschanel Paul ; Deville Gabriel ; Dormoy ; Dron ; Dubief ; Dubois Émile ; Dufour ; Dumont ; Dupuis Pierre ; Empereur ; Ermant ; d'Estournelles de Constant ; Euzière ; Féron ; Ferrero ; Flandin Étienne ; Gabriel Denis ; Gally-Casparou ; Gautier

Léon ; Gauvin ; Gentil ; Georges Grosjean ; Gérald ; Gérault-Richard ; Gervais ; Girod ; Goujat ; Gourd ; Gouzy ; Guieysse ; Hémon ; Henrique-Duluc ; Holtz ; Hubbard ; Hugues Clovis ; d'Iriart d'Etchepare ; Isnard ; Janet ; Jaurès ; Jumel ; La Batut (de) , Lafferre ; de Lanessan ; Laroche-Joubert ; Larquier ; Lauraine ; Leffet ; Léglise ; Lemire ; Leroy Modeste ; Lesage ; Leygue Raymond ; Lhopiteau ; Loup ; Lozé ; Malaspina ; Mando ; Maret Henry ; Marot ; Martin-Bienvenu ; Mas ; Maujan ; Menier Gaston ; Merlou ; Messimy ; Michel Henri ; Mill ; Millerand ; Mollard ; Morel J.; Motte ; Muteau ; Noël ; Noulens ; Pajot ; Pams ; Paul Meunier ; Pavie ; Péret ; Périer Germain ; Petitjean ; Pichery ; Pierre Poisson ; Plissonnier ; De Pressensé ; Ragot ; Rajon ; Rauline ; Réveillaud ; Réville Marc ; Riotteau ; Robert Surcouf ; Roch ; Rouanet ; Ruau ; Sabaterie ; Salis ; Sarraut ; Schneider Charles ; Sembat ; Siegfried ; Simyan ; Thierry J.; Thierry-Cazes ; Thivrier ; Torchut ; Tourgnol ; Tournier Albert ; Ursleur ; Vaillant ; Vazeille ; Vigouroux ; Villault-Duchesnois ; Villejean ; Viollette ; Walter.

TABLE DES MATIÈRES

SAINT-AMAND (CHER). — IMPRIMERIE BUSSIÈRE